新装版

めっちゃ 楽しく学べる 算数のネタ 73

中村健一 編著

電卓イリュージョン！

フシギな数字「99」！

やってみて♡

黎明書房

はじめに

　算数の授業の初め。子どもたちがなかなか乗ってこない時，どうしますか？

　算数の授業の途中。子どもたちがダレてきた時，どうしますか？

　算数の授業の終わり。授業が5分早く終わった時，どうしますか？

　そんな時は，本書『新装版　めっちゃ楽しく学べる算数のネタ73』が手元にあれば，大丈夫。

　本書をペラペラとめくってみてください。

　そして，使えそうなネタを子どもたちにぶつけてみてください。子どもたちが大喜びすること，間違いなし。

　「算数って楽しい！」と心から思ってくれることでしょう。

　『新装版　めっちゃ楽しく学べる算数のネタ73』は，「読む」本ではありません。「使える」ネタを紹介する本なのです。

　私は今年，50歳になります。年を取ったせいで，多少理屈っぽくなっています。また，『策略──ブラック学級づくり　子どもの心を奪う！　クラス担任術』（明治図書）を始めとする「ブラックシリーズ」が売れまくりました。そのせいで，セミナーや講座で真面目な話をすることも増えました。

それでも，やっぱり「ネタは，力」なのだと強く思います。現場で苦しむ教師たちを救うのは，理屈ではありません。ネタなのです。持ちネタは，多ければ多いほどいい。

　特に，今どきの子どもたちは多様化しています。この子には通用するけど，あの子には通用しない。このクラスには通用するけど，あのクラスには通用しない。
　こんなことが，よくあります。

　いや，朝のこの子には通用するけど，昼過ぎのこの子には通用しない。週明けのあのクラスには通用するけど，週末のあのクラスには通用しない。
　こんなことさえ，あるのです。

　全ての子に，全ての教室に通用するネタはありません。
　全ての時間に，通用するネタはありません。
　「万能薬」はない時代なのです。

　そんな時代，教師に求められるのは，ネタ数だと確信しています。
　本書『新装版　めっちゃ楽しく学べる算数のネタ73』が今の時代，厳しい現場を生き抜くため，仲間の教師たちの力になれるとうれしいです。
　　　令和２年２月11日　　　　　　編著者　中村　健一

＊本書は，先に出版した『教師のための携帯ブックス⑩　めっちゃ楽しく学べる算数のネタ73』を新装・大判化したものです。

も く じ

中学年

もっと食べたい♡

たし算陣取りゲーム

> 陣取りゲームを楽しみながら，たし算の練習をしましょう。

ゲームのやり方

① 5人ぐらいのチームを3つ作る。3チームのうち2チームが対戦する。残り1チームは判定員。

② 机の上に1〜10のカードを一列に並べる。

【例】「3」「9」「4」「8」「7」「1」「6」「2」「5」「10」

③ 対戦チームは並べたカードの両脇に分かれる。そして，「スタート！」の合図で，各チームから1人ずつが，相手の陣地に向かってたし算を唱えながら進む。

②の【例】で言えば，「3」からスタートするチームは，「3＋9＝12」「9＋4＝13」と言いながら進む。

「10」からスタートするチームは，「10＋5＝15」「5＋2＝7」。

判定員は，計算が合っているか確認する。

④ 2人が出会ったところで，ジャンケンをする。勝てば，そのまま続けて進む。負けたら，次の人が自分の陣地からスタートする。

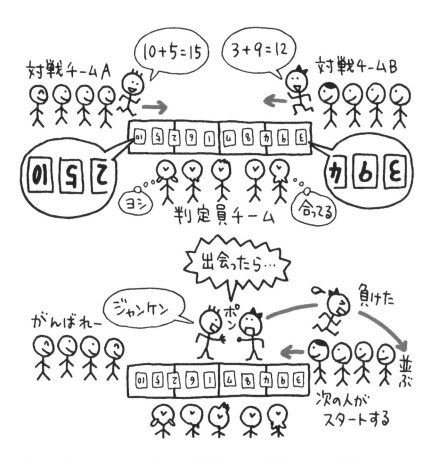

⑤　３分間やって，相手の陣地まで到着した回数が多いチームが勝ち。負けたチームは，判定員と交代。

解　説

　楽しみながらくり返し，たし算の練習をすることができるゲームです。子どもたちは夢中になって取り組みます。

　もちろん，かけ算でもできます。ぜひ，お試しください。

（髙橋）

たし算ピラミッド

図のように，下から，隣り合った□の中の2つの数を足して，上の□に答えを書いていきます。すると，たし算ピラミッドができあがります。

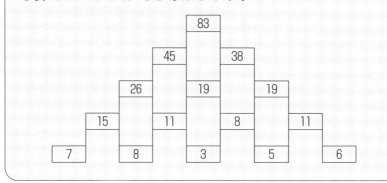

問　題

一番下の□に1〜5の数字を入れます。どの順番で数字を入れると，頂点の数字がもっとも大きくなるでしょう。

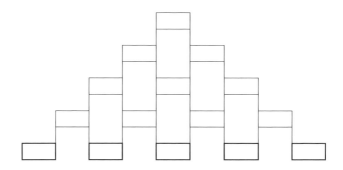

解　説

　まずはたし算ピラミッドのしくみを理解できるよう，一番下の枠に数字を入れたたし算ピラミッドを何回か経験させましょう。

　大きな数を中心にもってくると，頂点の数が最も大きくなります。

　解答を導き出すために試行錯誤することが，計算への親しみや論理的な思考力を高めることにつながります。

【答え】

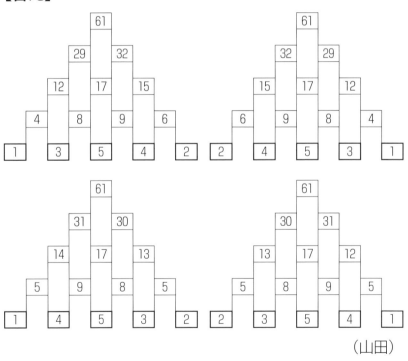

（山田）

11

ひき算ピラミッド

次は，ひき算のピラミッドに挑戦です。図のように，下から，隣り合った□の中の２つの数の，大きな数から小さな数を引いて，上の□に答えを書いていきます。

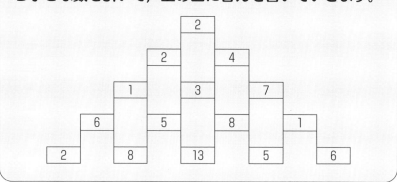

問　題

一番下の□に１〜５の数字を入れます。どの順番で数字を入れると，頂点の数字がもっとも大きくなるでしょう。

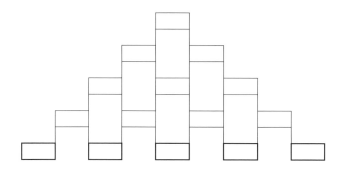

解　説

　まずはひき算ピラミッドのしくみを理解できるよう，一番下の枠に数字を入れたひき算ピラミッドを何回か経験させましょう。

　ひき算では，一番大きな数を端にし，あとは小さい順に並べていくと，頂点が一番大きな数になります。

【答え】

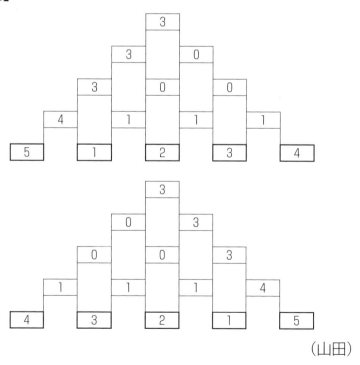

（山田）

10 の友だち

低学年
4

合わせて **10** になる数が出たら，「ドン！」と叫びましょう。

① 教師は，0〜10 が書いてあるカードを準備する（5 は 2 枚準備する）。

② その中から 1 つだけ数字を選び，黒板に貼る。

③ 残りのカードをフラッシュカードのように見せる。

④ ②で選んだ数字と足して 10 になる数字が出たら，子どもたちは「ドン！」と叫ぶ。

低学年の算数でつまずきやすいのが，くり上がりとくり下がりです。その基礎となる「10 の合成」を楽しく理解，定着させるためのゲームです。

1 回 1 分程度でできます。しかも，授業の初めに行えば全員でそろえて声を出すことができ，授業に対する集中力もアップします。　　　　　　　　　　　　　　　　　　　　（藤原）

低学年 5 10のたし算・山の手線ゲーム

「答えが10になるたし算」の山の手線ゲームを楽しみましょう。

ゲームのやり方

① 子どもたちは4人くらいのグループを作る。

② 教師は「答えが10になるたし算」とお題を言う。

③ 子どもたちは，「パンパン」の手拍子に合わせ，順番に「答えが10になるたし算」を言っていく。
【例】「6＋4」「3＋7」など。

④ 言えなくなったら負け。または，同じものを言ったら負け。

解 説

最初は，ゲームに慣れるために，リズムに合わなくても言えればOKにします。そして，慣れてきたら，「パンパン」の手拍子の後，すぐに言わないと負けにします。すると，スリリングなゲームになって盛り上がります。

お題を「素数」「7の倍数」「2と3の公倍数」などにすれば，高学年でも楽しめます。 　　　　　　　　　　（飯村）

15

6 お金で長さを測る方法を考えよう

> お札や硬貨は決まった長さで作られています。次のお金を組み合わせて，長さを測る方法を考えてみましょう。

ゲームのやり方

① 次のようなお金のサイズを子どもたちに教える。

　・一万円札の横の長さは 16cm（4 つ折りにすると，4cm）

　・千円札の横の長さは 15cm（3 つ折りにすると，5cm）

　・1 円玉の直径は 2cm。ちなみに重さは 1g

　・5 円玉の穴の大きさは直径 5mm

　・50 円玉の穴の大きさは直径 4mm。重さは 4g。

② 「20cm を測る方法」など教師が問題を出す。

③ 子どもたちは班で相談して，測る方法を考える。

④ 「一万円札の横と 1 円玉を 2 つ並べる」「3 つ折りにした千円札を 4 つ並べる」「1 円玉を 20 並べる」など，一番多くの方法を考えた班が優勝。

解　説

　お金の長さが決まっていることに，子どもたちは興味を持ちます。どう組み合わせれば長さを正確に測ることができるかを考えさせることで，論理的な思考力が育ちます。（佐藤）

数字と絵の神経衰弱

数字カードと，その数字と同じ数だけ絵がかいてある絵カードを合わせる神経衰弱をしましょう。一番多くのカードを取った人がチャンピオンです。

ゲームのやり方

①　教師は 0～10 の数字カードを 1 枚ずつと，同じ物（野菜，果物，乗り物，動物など）が 0～10 個かかれている絵カードをたくさん用意する（0 の絵カードはその物を点線でかく）。

②　子どもたちはペアや班に分かれ，それらのカードを裏返しにして並べる（数字カードと絵カードは分けて並べる）。

③　子どもたちは，1 人ずつ順番に数字カード 1 枚と絵カード 1 枚を選んでめくる。それをくり返す。

④　数字カードの数字と絵カードにかかれている物の数が合えば，絵カードをもらえる。数字カードは元に戻す。

⑤　絵カードを一番多くもらった人がチャンピオン。

解　説

シンプルなゲームです。数字カードの数字と絵カードの物の数を対応させることを通して，数字の理解を深めることができます。子どもたちも熱中して取り組みます。　　（髙橋）

ひっ算リレー

列対抗のチョークリレーで，たし算の筆算の問題を解いていきましょう。

ゲームのやり方

① 教師が「542 + 38」のように，たし算の式が書かれたカードを提示する。

② 教師の「よ〜い，スタート！」の声で，各列の先頭の子が前に出てくる。そして，教師が提示したカードに書かれた式を，筆算にして黒板に書く。

③ 先頭の子は同じ列の2番目の子にチョークを渡す。2番目の子が一の位を計算する。

④ チョークをバトンにして，3番目の子が十の位を計算する。4番目の子が百の位を計算する。

⑤ 1番早く正解を書いた列が優勝。

解 説

たし算の筆算で子どもがよくしてしまうミスに，位どりの位置をそろえないこと，百の位から計算することがあります。黒板に出て，みんなの前で計算をすることで，これらのミスをしないよう，全員で確認することができます。　　（西田）

低学年 9 抜けているのは, いくつ?

頭の体操です。どの数字が抜けているのか, 集中して聞いてください。

ゲームのやり方

① 教師は「今から先生が数字を言います。1～10 の中で, 何が抜けているか当てるゲームです」と説明する。

② 続けて教師は「では, 問題。7, 4, 3, 2, 9, 8, 5, 1, 10」と高速で言う。

③ 子どもたちは, 抜けている数字をノートに書く。制限時間は, わずかに 10 秒。

④ 「抜けていたのは, ……6!」と教師が正解を発表すると, 歓声が上がる。

解 説

子どもたちをパッと集中させるのにもってこいのネタです。子どもたちはどの数字が抜けているのか一生懸命聞きます。

慣れてきたら, 数字を増やしていっても面白いでしょう。

(中條)

不思議な指

> 先生が魔法を使うと，指の数が変わります。よ〜く，見ててくださいね。

や り 方

① 教師は指を折って数えながら，次の歌を歌う（「10人のインディアン」のメロディに合わせて）。

「♪魔法の指が1本あります。2本，3本，4本あります。5本，6本，7本あります。9本，10本，11本♪」

② 「11本！　え〜！！」と教師が驚いてみせると，子どもたちも驚く。

③ 教師はまた，指を折って数えながら，次の歌を歌う。

「♪魔法の指が1本あります。2本，3本，4本あります。5本，6本，7本あります。7本，8本，9本♪」

④ 「ぎょえー！　1本足りない！」と教師が驚くと，子どもたちは大喜び。

解 説

「8本」を飛ばしたり，「7本」を2回数えたりするだけです。文字にすると簡単ですが，歌うとなかなか気づきません。

（友田・岡田）

低学年 11 ひらがなかず

1から10までの数字を「いち」「に」とひらがなで書いてみてください。間違えずに書けるかな？

ゲームのやり方

① ノートに「1」から「10」までの数字を横1列に並べて書く。

② 「1」の下に「いち」,「2」の下に「に」と,数字の読み方をひらがなで縦に書いていく。

③ 10秒以内に間違えずに全部書けたら,合格。

数字のまま書いちゃった…

解　説

「えっ!？　簡単すぎる」と思われた方も多いのではないでしょうか？

まずは,先生自身がチャレンジしてみてください。意外に難しく,数字をそのまま書いてしまいそうになります。

子どもたちが喜んで取り組むこと間違いなしです。（佐藤）

10 秒体感ゲーム

みなさん，10 秒って，どのくらいの長さなのでしょう？　人によって，「このくらいの長さかな」と感覚はそれぞれ違うはず。どのくらい違うのか，今からみんなで計ってみましょう。

ゲームのやり方

① 子ども 5 人を教室の前に出す。そして，5 人に 1 つずつストップウォッチを渡す。

② 5 人の子の目を閉じさせる。

③ 教師の「よ〜い，スタート！」の声で，5 人はストップウォッチをスタートさせる。そして，10 秒たったと思うところで，ストップウォッチを止める。

④ 何秒でストップウォッチを止めたか，発表していく。一番 10 秒に近い子に拍手を贈る。

解　説

人によって 10 秒の感じ方が違うことに，子どもたちは驚きます。

20 秒，30 秒，1 分と長くすると，さらに違いが際だって面白いです。 （中條）

低学年 13 こんな単位，あるかな？

教科書にはいろいろな単位が出てきますね。水かさなら，リットル，デシリットル，ミリリットル。長さなら，メートル，センチメートル，ミリメートル。

他にも単位はありますよ。次の中で本当にある単位はどれでしょう。

問　題

① センチリットル　　　② メートルリットル

③ キロメートルリットル

解　説

「センチ」は「百分の一」を表しています。「デシ」は「十分の一」，「ミリ」は「千分の一」です。だから，「センチメートル」は，メートルの百分の一ということを表しています。「センチリットル」はリットルの百分の一です。

日本では，一般的にリットル，ミリリットルがよく使われていますが，ヨーロッパでは，センチリットルがよく使われています。ヨーロッパから輸入されたワインなどには，よくセンチリットル（cL）という単位が書かれています。

【答え】①　　　　　　　　　　　　　　　　　（吉川）

どっちが大きい？

> どっちが大きい？　大きな数になった人が勝ちですよ。

ゲームのやり方

① 　2人の間に，0～9の書かれたカードを裏返してバラバラに置く。また，不等号のカード2枚（「>」「<」）は表にして置いておく。

② 　じゃんけんをして，勝った人から裏返したままのカードを3枚ずつ取る。そして，2人とも取ったカードを裏返したまま，目の前に3枚並べて置く。

③ 　相手と同時に，自分から見て一番右のカードから表にしていく（この数字が一の位になる）。

④ 　真ん中のカード（十の位），左端のカード（百の位）の順にひっくり返してできた3けたの数字が，大きいほうの勝ち。

⑤ 　2つの数字の間に不等号のカードを正しく置き，数の大小の確認をしてから終わりにする。

解　説

　3けたの数字は，一の位と十の位だけでは大小の判断ができません。一番大きな位まで見ないと分からないということを学べるゲームです。また，不等号の学習もできます。（藤原）

15 何回重なるかな？

> みなさんは時計の長い針と短い針がぴったり重なったところを見たことがありますか？　そんな時刻は短い針が1周する間に何回あるのでしょうか？

や り 方

① 　2人に1つ時計（教具でよい）を渡す。

② 　2人で協力し，0時0分から12時0分まで，時計を動かしながら，長針と短針が何回重なるか調べる。

③ 　重なった時刻をメモし，何回重なったか発表する（0時0分，12時0分も入れる）。

解 説

　実際に時計を動かしてみると，12回重なるのが分かります。

　重なる時刻は，0時0分，1時6分，2時11分，3時16分，4時21分，5時27分，6時33分，7時38分，8時43分，9時49分，10時55分，12時0分です。

【答え】12回　　　　　　　　　　　　　　　　　（五十嵐）

かけ算すごろく

> すごろくを楽しみながら，九九を覚えてしまいましょう！

ゲームのやり方

① 教師は各班（4人）に次の物を用意する。
- ・1〜6の数を書いたサイコロ1個
- ・4〜9の数を書いたサイコロ1個
- ・すごろく

② 子どもたちは班に分かれてすごろくを楽しむ。

③ 子どもたちは順番にサイコロを2つ同時にふる。出た数字2つをかけ，その答えの一の位の数だけ進める。

【例】 4と8が出れば，$4 \times 8 = 32$。一の位の2だけ進める）。

④ すごろくなので，もちろん，早くゴールした人が勝ち。

解　説

　すごろくを楽しみながら，九九を定着させることができるネタです。

　九九を間違って覚えている子がいても，一緒にすごろくをする班の子同士で教え合うことができます。　　　　（五十嵐）

17 フラッシュカードバトル

> 隣の席の人と勝負です。先生が見せたフラッシュカードに書かれた計算の答えを早く言ったほうが勝ちですよ。

ゲームのやり方

① 教師は，計算の書かれたフラッシュカードを見せる。【例】「5×9」

② フラッシュカードを見た子どもは，素早くその答えを言う。【例】「45」

③ クラス全体で，それぞれ隣の席の子と勝負。早く答えを言えた子が1ポイントゲット。同時は0ポイント。

④ 3回行ってポイントが多い子が勝ち。

解 説

　フラッシュカードには，たし算，ひき算，かけ算，わり算の中から，暗算で答えが求められるものを書きます。楽しみながら計算の習熟を図ることができるネタです。

　勝った子同士を戦わせて，クラスで一番を決めても盛り上がります。計算の得意でない子の時には，簡単な問題を出してあげるとよいでしょう。 （飯村）

九九しりとり

> 九九を使ったしりとり遊びをしてみましょう。

ゲームのやり方

① 4人くらいのグループを作る。

② 最初の人が好きな九九を言う。例えば，「 $2 \times 9 = 18$ 」。

③ しりとりなので，次の人は答えの一の位の数で始まる九九を言う。この場合は，答えが「18」だったので，「8」から始まる九九を言う。「 $8 \times 3 = 24$ 」

④ 次の人は「24」の一の位の「4」から始まる九九を言う。

⑤ 順番に九九しりとりを続けていく。言えなくなるか，答えの一の位が0になる九九を言うか，一度言ったものを言った人の負け。

解　説

しりとり遊びを楽しみながら，九九の習熟を図ることができます。慣れてきたら，時間制限をして「5秒以内に言えなければ負け」などとしてもよいでしょう。

5の段に入ると，一の位が0か5しかないので，終わりに近づきます。

（飯村）

低学年 19 チーム対抗！九九勝ち抜き戦

九九の答えを早く言えた人が勝ちです。チーム対抗の勝ち抜き戦で行います。

ゲームのやり方

① クラスを2チームに分け，各チーム1列に並ばせる。

② まずは先頭の子同士が勝負。教師が「ハチロク（8×6）」などと問題を言い，素早く「48」と正しい答えを言えた子が勝ち。同時の場合は，2人とも勝ちにする。

③ 勝った子は，自分の席に着く。負けた子は，列の一番後ろに並ぶ。

④ 2番目の子，3番目の子と，くり返し勝負していく。

⑤ 先に全員が席に着けたチームの勝ち。

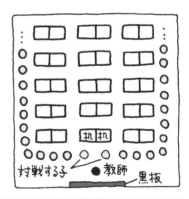

解 説

チーム対抗で楽しみながら，九九の練習ができます。くり返し行うと，チーム内で九九を練習する姿も見られます。

（髙橋）

指で「九の段」攻略法

> 九の段は，なかなか覚えるのが大変ですね。でも，指を使えば，簡単に攻略できますよ。

や り 方

① 両手の指を伸ばし，手のひらを自分の方に向ける。

② 「クイチ（9×1）」は，一番左の指（左手親指）を折る。すると，9本の指が立っている。答えは「9」。

③ 「クニ（9×2）」は，左から2番目の指（左手人差し指）を折る。折った指の左側に立っている指の数が，答えの十の位。右側に立っている指の数が，答えの一の位。答えは「18」。

④ 「クサン（9×3）」は，左から3番目の指（左手中指）を折る。折った指の左側に2本，右側に7本の指が立っているので，答えは「27」。

⑤ 「クシ（9×4）」～「クク（9×9）」までも同じようにする。

解 説

「クイチ（9×1）」から「クク（9×9）」までクラスみんなでやると，子どもたちは「本当だ！」と驚きます。

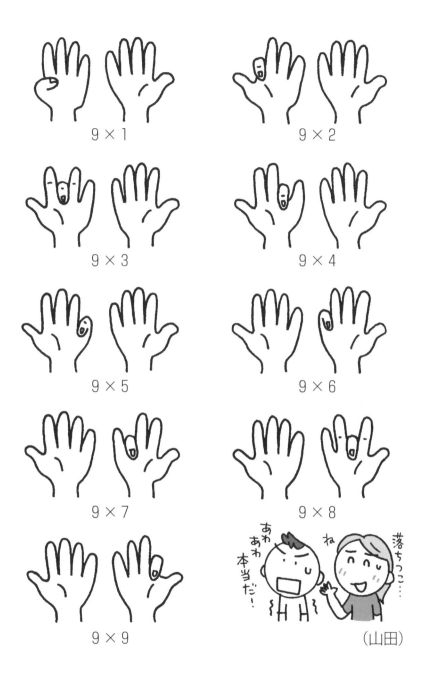

9 × 1　9 × 2
9 × 3　9 × 4
9 × 5　9 × 6
9 × 7　9 × 8
9 × 9

（山田）

21 かけ算九九ビンゴ

> 九九ビンゴをします。早くビンゴになれるよう作戦を立ててくださいね。

ゲームのやり方

① 子どもたちに９つのマスが書かれた紙を１枚ずつ配る。

② 教師は黒板に九九表を提示する。

③ 九九表に出てくる答えを９つのマスに１つずつ書く。

④ 教師が箱の中から九九カード（「３×５」など）を１枚ひき，読み上げる。その九九の答え（この場合「15」）を書いていた子はビンゴカードに丸をつける。これをくり返す。

⑤ たて，横，ななめのどれかがそろえばビンゴ！

解　説

九九表との出会いを演出するのに最適なネタです。

九九表には，例えば，「６」が答えになるものは「１×６」「２×３」「３×２」「６×１」と４つもあります。逆に「81」になるのは「９×９」の１つだけです。

「早くビンゴになるためには，どの数字を書けばよいかな？」と問いかけると，自然と子どもの目が九九表に向かいます。　　　　　　　　　　　　　　　　　　　　　　　　　　（西田）

中学年 1 めざせ，わり算マスター！

1～9までのカードを使って，割り切れるわり算の式を作りましょう。多くのカードを使うことができたグループが勝ちですよ。

① 1～9までの数が書かれたカード（9枚1セット）を各グループに配る。

② 3分間グループで相談し，カードを使って，割り切れるわり算の式を作る。

【例】「6 ÷ 3」「12 ÷ 4」

③ 余ったカードが少なかったグループの勝ち（②の【例】では，「6」「3」「1」「2」「4」の5枚のカードを使うことができた。余りは4枚）。

解　説

「12 ÷ 4」「35 ÷ 7」「96 ÷ 8」の3つの式を作ると，「1」～「9」まですべてのカードを使い切ることができます。

（五十嵐）

中学年 2　10 を作ろう！

今日は 9 月 28 日です。そこで，0，9，2，8 の 4
つの数字を使って，答えが 10 になる式を作りましょう。

問　題

次の 3 つの□に＋，－，×，÷のどれかを入れて，式が成
り立つようにしてください。

　　0 □ 9 □ 2 □ 8 ＝ 10

解　説

その日の日付，クラスの
子の誕生日など，身近な 4
つ並んでいる数字を使って
行います。答えは 10 以外
でも OK なので，問題は
無限に作れます。

　授業が早く終わった時に
問題を出せば，子どもたち
は喜んで取り組みます。

【答え】　0 × 9 ＋ 2 ＋ 8 ＝ 10　　0 ＋ 9 × 2 － 8 ＝ 10（五十嵐）

カッコだけよ

「4 + 8 + 1 + 6 + 5 + 7」この式のある部分を計算すると 20 になります。どこでしょう？

答えは「8 + 1 + 6 + 5」の部分です。

「4 + (8 + 1 + 6 + 5) + 7」というように，20 になるところを見つけたら，(　　) をつけてください。

問　題

① 　7 + 8 + 4 + 9 + 4 + 7

② 　7 + 2 + 3 + 8 + 2 + 3

③ 　8 + 4 + 7 + 6 + 7 + 9

④ 　4 + 3 + 6 + 4 + 2 + 1

⑤ 　1 + 2 + 7 + 6 + 2 + 8 + 3 + 6 + 2 + 4 + 8 + 3 + 5 + 2 + 6 + 2 + 7 + 4

解　説

素早く数のかたまりを見つける練習です。

もちろん，20 以外の数字でもできます。問題は無限です。

【答え】
①7 + 8 + 4 + (9 + 4 + 7)
②(7 + 2 + 3 + 8) + 2 + 3
③8 + 4 + (7 + 6 + 7) + 9
④(4 + 3 + 6 + 4 + 2 + 1)
⑤1 + 2 + 7 + 6 + 2 + 8 + 3 + 6 + 2 + (4 + 8 + 3 + 5) + 2 + 6 + 2 + 7 + 4

（原）

４の不思議

3つの□に「＋」「－」「×」「÷」をうまく入れると あら不思議，式の答えが０から９になります。（ ）も 使って挑戦してみましょう。

問　題

４□４□４□４＝

解　説

「４＋４＝８」，「４－４＝０」，「４÷４＝１」を基本とし て組み合わせていくと，０から９までできます。

下の答え以外にもたくさんの組み合わせがあります。子ど もがどんどん見つけることでしょう。

【答え】

0：4＋4－4－4　　　　1：4×4÷4÷4

2：4÷4＋4÷4　　　　3：（4＋4＋4）÷4

4：（4－4）×4＋4　　　5：（4×4＋4）÷4

6：（4＋4）÷4＋4　　　7：4＋4－4÷4

8：4＋4＋4－4　　　　9：4＋4＋4÷4　　　など

（吉竹）

1を○こ使って△を作ろう

1はすごい数字です。この1を使っていろいろな計算をしてみましょう。

問題

① 1を3つ使って答えが10になる式を作る。

② 1を5つ使って答えが100になる式を作る。

③ 1を7つ使って答えが1000になる式を作る。

解説

①から順番に問題を出していくと，子どもたちは法則に気づきます。

「答えを10000にするためには，1がいくつ必要でしょう?」のように変化をつけて聞いても面白いです（答えは，1が9つ）。

【答え】 ① 11－1　② 111－11　③ 1111－111　　（佐藤）

中学年 6 0.1 の妖精

これからみんなは「0.1 の妖精」です。先生の言う数だけ，集まってください。

や　り　方

① 教師は「みんなは『0.1の妖精』です。先生が今から言う数になる人数で集まってください。集まったら輪になって座ります」と説明する。

② 子どもたちは教室を歩き回る。教師が「0.5」など数字を言うと，子どもたちはその数になる人数で集まり，輪になって座る。

③ 教師は「君たちは『0.1の妖精』だから，5人集まったら0.5だよね」と確認する。

④ 「1」「1.2」など数をかえて，くり返し行う。

解　説

0.1 が 10 集まれば 1 になることなどを体感できます。

「0.01 の妖精」や「0.001 の妖精」にしても面白いです。

「8分の1の妖精」などにすれば，分数の学習もできます。

「2の妖精」「5の妖精」などにすると，2年生のかけ算の学習にも使えます。

（塩谷）

ヘクトってなぁに？

面積の単位「ヘクタール」。これは「アール」の頭に「ヘクト」をつけたものです。

「ヘクト」にはどんな意味があるでしょう？

① 「10倍」という意味　　② 「100倍」という意味

③ 「ヘクション」の略

「ヘクト」(h) は「100倍」という意味です。ヘクタール (ha) は，1a（アール）の「100倍」なので，1ha=100a です。

これを下のような単位換算表に表し，一辺の長さが10倍になると，正方形の面積が100倍になることを話すとよいでしょう。

×10　　　×10　　　　×10

一辺の長さ				1km
	1m	10m	100m	1000m
正方形の面積	$1m^2$	$100m^2$	$10000m^2$	$1000000m^2$
		1a	1ha	$1km^2$

×100　　　×100　　　×100

【答え】②　　　　　　　　　　　　　　　　（塩谷）

「伝説のスター」は誰だ？

5人のスターがいます。

	年齢（歳）	身長（cm）	体重（kg）
Aさん	20	170	70
Bさん	12	150	45
Cさん	80	155	40
Dさん	30	175	65
Eさん	7	120	20

「伝説のスター」は誰でしょう？

問　題

次の3つの条件に当てはまる人が「伝説のスター」です。

① 　身長が150cm以上175cm以下である。

② 　体重が20kg以上70kg未満である。

③ 　年齢が20歳以上80歳未満である。

解　説

「以上」「以下」「未満」という言葉の意味を正しく理解していないと，「伝説のスター」を見つけることはできません。

特に「以下」と「未満」は間違えやすいので注意が必要です。

「□以下」は，□を含みますが，「□未満」は，□を含みません。

　また，条件に合わない人に斜線を引くなど，表を整理しながら考えることも大切です。

【答え】Dさん　　　　　　　　　　　　　　　　　　　（島田）

人数とギョーザの数は？

　健一くんの学校で，給食に激うまギョーザが出ました。たくさんあったので，とりあえずクラスの全員に３個ずつ配ると，16個余りました。しかし，４個ずつ配るには７個足りません。

問　題

①　健一くんのクラスは全員で何人でしょう？
②　激うまギョーザは全部で何個あったのでしょう？

もっと食べたい♡

解　説

　３個ずつ配って余った16個のギョーザを，もう１つずつ配っていくと７個足りないのだから，16人は４つずつ，７人は３つずつ配られることになります。したがって，クラスの人数は 16 ＋ 7 で，23人になります。

　23人に３つずつ配ると，３×23で，69個配ったことになります。さらに16個余っているので，69 ＋ 16 をして，全部で85個あったことが分かります。

【答え】 ①23人　②85個　　　　　　　　　　　（島田）

中学年 10 何ページ読むの？

全部で 33 ページの本を，次のように 4 人で手分けをして読む計画を立てました。

A くん……1 ページから 10 ページまで読む。

B くん……11 ページを読む。

C くん……12 ページから 10 ページ読む。

D くん……23 ページから最後まで読む。

問 題

① いちばん多くのページを読むのは誰でしょう？

② 誰も読むことになっていないページは何ページでしょう？

解 説

「○ページから□ページまで」という時のページ数は，「□ー○＋1」と計算する必要があります。ですから，A くんと C くんは 10 ページ，B くんは 1 ページ，D くんは 11 ページ読むことになります。また，C くんは 12 ページから 21 ページまで読みます。D くんは 23 ページから読み始めるので，誰も読むことになっていないページはもう分かりますね。

【答え】①D くん　②22 ページ　　　　　　　　　　（島田）

元を取るには……

　最近，太陽光発電が注目されています。自分の家で使う電気を自分の家で発電し，さらに余った電気を売ることで，収入も期待できます。

　しかし，発電するためにはパネルを設置する必要があります。それになんと 200 万円くらいかかるそうです。いったい何年くらいで元が取れるのでしょう。

問　題

　太陽光発電にする前と比べ，1 カ月に 1 万円得をするとします。パネルの設置に 200 万円かかるとすると，いつ元が取れるでしょう。

解　説

　1 カ月に 1 万円得をするので，200 万円得をするには 200 カ月かかります。

　「年」で表すと，200 ÷ 12 ＝ 16 余り 8 となり，元を取るまでに 16 年 8 カ月かかることになります。

【答え】16 年 8 カ月後　　　　　　　　　　　　　（島田）

12 ご先祖様は何人？

　あなたは，お父さんとお母さん，2人の間に生まれました。そのお父さんやお母さんにもそれぞれお父さんとお母さんがいるので，あなたから見ておじいちゃんとおばあちゃんは4人います。

　さて，もっとさかのぼってみると，何人くらいのご先祖様がいらっしゃるのでしょう。

問　題

あなたの父母を1世代前，祖父母を2世代前とします。

10世代前には，何人のご先祖様がいることになりますか？

解　説

　1人の人間には2人の親がいます。したがって，ご先祖様の人数は，2人→4人→8人→16人……と，世代を1つさかのぼるごとに2倍になっていきます。

　このご先祖様のうちのたった1人でも違う人生を歩んでいたら，自分はこの世に生まれてこなかったかもしれません。そう考えると，いま自分が存在していることが，どれほど奇跡的なことであるか分かりますね。

【答え】1024人

（島田）

13 インド式筆算

かけ算の筆算ができる人？　それでは，かけ算の筆算を違う方法でできる人？　いませんね。それでは今日は先生が新しい筆算，「インド式筆算」を教えましょう。

や り 方

① 　縦に線を入れる。

```
  2 │ 3
× 1 │ 4
────┼────
    │
```

② 　10の位をかけ算する（2×1）。

```
  2 │ 3
× 1 │ 4
────┼────
0 2 │
```

1ケタの数は，頭に0をつけて2ケタにする。

③ 　1の位をかけ算する（3×4）。

```
  2 │ 3
× 1 │ 4
────┼────
0 2 │ 1 2
    │
```

④ 　かける数とかけられる数，それぞれの一の位と十の位を斜めにかけて足す。

$2 \times 4 + 1 \times 3 = 11$

その数を中心にもってくる。

```
  2 │ 3
× 1 │ 4
────┼────
0 2 │ 1 2
  1 │ 1
```

⑤ ②③の答えと④の答えを筆算のたし算として計算する。

```
    2 │ 3
  × 1 │ 4
  ─────────
  0 2 │1 2
    1 │ 1
  ─────────
  3   2 2          答え　３２２
```

★理解のために，例題をもう１問

```
    4 │ 2
  × 6 │ 3
  ─────────
  2 4 │0 6    ←４×６｜３×２
    2 │ 4     ←４×３＋６×２
  ─────────
  2 6  4 6          答え　２６４６
```

解　説

　新しい筆算の方法で解答が出せることを知ると，子どもたちは驚きます。

　位の位置関係が複雑になりますが，３桁以上でもできます。インド式筆算に慣れてきたら，「３桁や４桁もできるか挑戦してみよう」と投げかけると，筆算の法則性に気づけるようになります。　　　　　　　　　　　　　　　　　　　　　（山田）

位は，どこまであるの？

「一」「十」「百」「千」「万」……と数えますよね。これを「位」と言います。

さて，この「位」。日本にはいくつあるのでしょうか？（くわしく言うと，小数点以下の「位」もあります。今回は，整数部分の「位」だけを数えてみましょう。）

問　題

「位」はいくつある？

① 11　　② 21　　③ 31

解　説

日本にある整数部分の「位」は，「一」「十」「百」「千」「万」「億」「兆」「京（けい）」「垓（がい）」「秭（じょ）」「穣（じょう）」「溝（こう）」「澗（かん）」「正（せい）」「載（さい）」「極（ごく）」「恒河沙（ごうがしゃ）」「阿僧祇（あそうぎ）」「那由多（なゆた）」「不可思議（ふかしぎ）」「無量大数（むりょうたいすう）」です。

【答え】②　　　　　　　　　　　　　　　（中條）

中学年 15 読めるかな？書けるかな？

「壱」「弐」「参」「拾」などの漢字を見たことがありますか？　これらは，数字の「1」「2」「3」「10」を漢字で書いたものです。

では，この数字，読めますか？

問　題

この数字，何と読む？

① 伍　　② 陸　　③ 漆

解　説

どれも，音を利用した数字で，大字と言います。

書きなおされないようにするために用いられています。

「伍」は，つくりを見れば分かりますよね。「陸」は，音読みすると，何の数字か予想できるでしょう。「漆」は，当て字に近いですね。他に「質」と書く時もあります。

どれも声に出して読んでみると，答えに近づくヒントになります。

【答え】①ご　②ろく　③しち　　　　　　　　　（中條）

ちか〜くな〜れ！
―大きい数―

> カードに書いてある数字を並べ替えて，一番 10000 にちか〜い数になった班が優勝です。協力してがんばってみましょう。

ゲームのやり方

① 班（5人）対抗で行う。

② 教師は，各班に 0 〜 9 までの数が書かれたカード（10枚1セット）を配る。

③ 1人が1枚，カードを引く。

④ 班で相談して，5枚のカードを並べ替え，10000 に近い数を作る。

⑤ 班ごとにできた数を発表する。一番 10000 に近い数の班が優勝。

解　説

ゲームを楽しみながら，数字をどう並べれば 10000 に近い数になるのか考えさせることができます。

また，他の班の発表を聞きながら，どれが一番 10000 に近い数なのか考えさせることができます。　　　　　（友田）

中学年 17 重さを当てよう

> はかりを使わずに重さをピタリと当てることができる
> でしょうか？　挑戦してみましょう。

ゲームのやり方・その①

① 教師は，「リコーダーの重さ」と問題を出す。

② 子どもたちはリコーダーを持ち，1人ひとりが重さを予想してノートに書く。

③ 教師がはかりで重さを量る。一番近かった子が優勝。

ゲームのやり方・その②

① 運動場に出る。子どもたちに1枚ずつビニール袋を配る。

② 子どもたちは1kgだと思う量の砂をビニール袋に詰める。

③ はかりで量って，一番1kgに近かった子が優勝。

解説

重さの感覚を養うことを目的にしています。

身の周りの物の重さや1kgとはどのくらいの重さなのかを，感覚的に理解させることができます。　　　　　（友田）

中学年 18 時間を大切に

みなさんは，45分の授業での「1分」を大切にしていますか？　小学校では，1年間におよそ1000回も授業があります。1回の授業で1分ずつ無駄にしていくと，1年間でどのくらい時間を無駄にしてしまうのでしょうか。

問　題

① 　1年間でおよそ何時間無駄にするでしょう。四捨五入して小数第一位までの概数で求めましょう。

② 　およそ何時間何分無駄にするでしょう。

解　説

　1年間に1000回授業があるので，1000分無駄にすることになります。「時間」で表すと，1000÷60＝16.66……となります。四捨五入をすると，およそ16.7時間です。0.7時間を「分」で表すと0.7×60＝42となり，あわせて16時間42分になります。

　「ちりも積もれば山となる」です。たった1分，されど1分です。大切に過ごしたいものですね。

【答え】①およそ16.7時間　②およそ16時間42分（島田）

不思議な階段

先生は，テレビ塔の展望台に行こうと張り切って向かっていました。

しかし，エレベーターが故障していました。そこで，仕方なく階段でテレビ塔の展望台へ上りました。

問　題

テレビ塔の展望台は 10 階にあります。

1 階から 2 階まで行くのに 5 分かかりました。

同じ速さで歩き続けるとすると，先生が 1 階から 10 階まで行くのに，5 分の何倍の時間がかかったでしょう？

解　説

子どもは，10 階まで行くのだから，$10 \div 1 = 10$ と考え，10 倍と答えます。しかし，1 階から 10 階までの間に，階段は 9 つしかありません。

子どもたちが 10 という数字を錯覚し，引っかかりやすい問題です。

【答え】 9 倍　　　　　　（神山）

カレンダーで計算を楽しもう

カレンダーには，たくさんの数字が載っています。カレンダーを使って計算を楽しんでみましょう。

問 題

カレンダーの日付の「1日」から「30日」までの数字を全部足すといくつになるでしょう？

楽に計算できる方法があります。発見できるかな？

	1	2	3	4	5	6
7	8	9	10	11	12	13
14	15	16	17	18	19	20
21	22	23	24	25	26	27
28	29	30				

解 説

「30」「1 + 29」「2 + 28」「3 + 27」……とやっていくと，「30 のかたまり」が 15 個できます（30 × 15 = 450）。それに 15 日の「15」を足すと 465 になります（450 + 15 = 465）。

【答え】465

（岡田）

1 安いのはどっち？

どちらが得か，考えてみましょう。

問　題

　健一くんは，定価 6000 円の新作ゲームを買いにおもちゃ屋さんへ行きました。

　A店では定価より 5％安く買え，さらにその後 500 円引きしてくれるそうです。

　B店では定価から 500 円引いてくれ，さらにその値段から 5％安くしてくれるそうです。

　安く買えるのは，どちらの店でしょう？

①　A店　　②　B店　　③　どちらも同じ

解　説

　A店では，6000 円の 5％の 300 円を値引きしてくれます。さらに 500 円を引いてくれるので，5200 円です。

　B店では，6000 円から 500 円引いてくれて 5500 円になります。さらに 5500 円の 5％の 275 円を引くので，5225 円で買えます。

【答え】①　　　　　　　　　　　　　　　　（五十嵐）

おかしな割合

打率〇割〇分〇厘って聞いたことありますか？
1割が10％，1分が1％，1厘が0.1％です。
さて，日本語には，次のような言葉があります。
下線の部分はそれぞれ何％か，考えてみましょう。

問　題

① 九分九厘（意味は，「だいたい」）

100％中　　　　％

　　　↑だいたいって言っておきながら10％以下かい。

② 腹八分

100％中　　　　％

　　　↑お腹すきすぎ。

③ 俺が勝つか？　相手が勝つか？　確率は五分五分だ。

100％中　　　　％ずつ

　　　↑引き分けの確率が90％？？？

解　説

「分」「厘」は，もともとは，数の位を表す言葉でした。

「分」は，十分の一の位を表しています。「厘」は百分の一
の位です。

例えば，体温を測った時に，「36度5分」などと言います
よね。「36度5分」は，「36.5度」。つまり，この「5分」は，
「0.5」の意味です。

　同じように，「九分九厘」も，もともとは「0.99」，つまり
「99％」です。

　「腹八分」は，もともと「0.8」，つまり「80％」。「五分五
分」は，もともと「0.5ずつ」，つまり「50％ずつ」でした。

　しかし，明治時代に，割合を表す単語として「割」が入っ
てきたために分かりにくくなってしまいました。

　この時から今のように，「分」は「割」の十分の一という
意味で，「厘」は「割」の百分の一という意味で，使われ始
めたようです。

【答え】　①9.9％　②8％　③5％ずつ　　　　　　（中村）

何試合あるの？

　サッカー，野球，将棋……。世界には数多くの大会があります。

　本来なら，すべての参加チーム（参加者）同士で勝負し，何勝何敗したかで優勝を決められたらベストです。しかし，この総当たり方式ではチームが多ければ多いほど，試合数が多くなり，優勝決定まで時間がかかります。

　そこで，試合数を減らす1つの方法として勝ち抜きのトーナメント戦があります。一度負けたら，そこまで。勝てば勝つほど優勝に近づきます。

　さて，ここで問題です。考えてみてください。

問　題

夏の高校野球の出場チーム数は49校です。

　トーナメント戦で行われていますが，優勝が決まるまでに何試合行われるでしょうか？

①　48試合　　②　49試合　　③　50試合

解　説

　参加チームが2校の時から順番に考えていくと，きまりが見えてくるかもしれません。

トーナメント戦では，最終的に残るのは，負けなかった優勝チームのみです。それ以外のチームは，すべて負けます。つまり，優勝チーム以外のチームが負けるだけの試合数が必要になるのです。だから，「49（全チーム数）－1（優勝チーム）」で簡単に求められます。

出場するチームの数が変わっても，これは変わりません。100 校出場なら「100 － 1」で 99 試合，150 校出場なら「150 － 1」で 149 試合です。

ちなみに，49 校が総当たり方式で勝負をすると，1176 試合しなければなりません。一体何日あれば，大会が終わるのでしょうか？

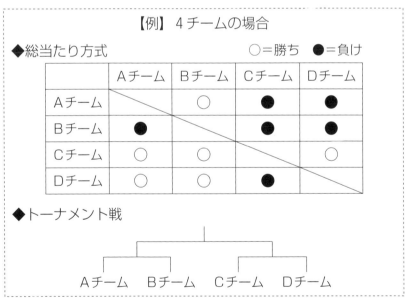

【答え】 ①

（藤田）

高学年 **4**

直線クイズ

直線を 1 本だけ入れて等式を完成させてください。

問　題

① 　5 − 5 = 10　　② 　8 = 4 = 2　　③ 　5 + 5 + 5 = 550

④ 　18 = 1　　　　⑤ 　100 = 0.01　　　　※≠はダメ

解　説

　早くできた子にヒントを出させると，「550って何桁の数字？　3桁にするためにはどうしたらいい？」「分数と約分がヒント」「0.01って何？」等が出てきます。

　数や数式，分数，%に親しみをもたせ，理解を深めることができます。

【答え】

① 　−の縦に直線を入れ，＋にする。　5 + 5 = 10

② 　左の＝に横の直線を入れ，÷にする。　8 ÷ 4 = 2

③ 　左の＋に斜めに直線を入れ，4 にする。　545 + 5 = 550

④ 　18 の真ん中に横向きに直線を入れ，分数の $\frac{10}{10}$ にする。

$\frac{10}{10} = 1$

⑤ 　100 の 00 に斜線を入れ，%にする。　1% = 0.01

（山田）

高学年 5 円と正方形の 周りの長さを比べてみよう

円の周りの長さを円周と言います。円周の長さと正方形の周りの長さを比べてみましょう。

問 題

直径100cmの円の円周と，周りの長さが一番近い正方形はどれでしょう？

①　一辺が120cmの正方形　　②　一辺が110cmの正方形

③　一辺が100cmの正方形　　④　一辺が90cmの正方形

⑤　一辺が80cmの正方形

解 説

円周は，直径×3.14で求められます。

だから直径100cmの円の円周は，$100 \times 3.14 = 314$cmです。

正方形の周りの長さは，一辺を4倍すればいいですよね。だから，$80 \times 4 = 320$cmになる「一辺が80cmの正方形」が一番近くなります。

【答え】⑤

（五十嵐）

6 「台風の目」勝利のコツ
―円周の話―

運動会で行われる「台風の目」という競技を知っていますか？ 長い棒を数人で持ち，複数のコーンをぐるぐる回って帰ってくる競技です。今回は，3mの棒を4人で持ち，2つのコーンを回って帰ってきます。

健一くんのチームは次のような作戦を立て，見事に勝利しました。（　　）に入る言葉は？

問　題

① コーンを回る時，（　　）側を足の速い子にする。

② コーンを回る時，4人ができるだけ（　　）側に寄る。

解　説

　コーンを円の中心と考えます。当然外側の子が長い距離を走ることになるので，足の速い子が外を走るほうが有利です。

　また，外側の子が棒の一番外側を持てば，1つのコーンを回るのに（3×2）×3.14＝18.14mを走ることになりますが，内側に寄ってコーンから2mの部分を持てば，（2×2）×3.14＝12.56mを走るだけで済みます。コーンが2つあるので，外側の子が走る距離をおよそ11mも短縮できます。

【答え】①外　②内　　　　　　　　　　　　　　（島田）

辺の長さは？

> 図は，イを中心とした直径 10cm の円です。アイウエは長方形で，角イウアは 30° です。
>
>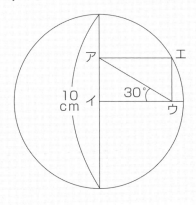

問　題

辺アウの長さは何 cm でしょう？

解　説

　長方形や正方形の対角線の長さは等しくなります。したがって，辺アウとイエは同じ長さです。イエは円の半径なので，辺アウの長さも半径と等しくなります。

　実は，角イウアの大きさは，全く関係ありません。不必要な情報に惑わされず，正解を求めるのは意外と難しいですね。

【答え】5cm

（島田）

高学年 8　尺とり虫は，何cm？

　「アルプス一万尺」と言いますよね。アルプスは約3030mです。そこから計算すると，1尺は約30.3cmになります。

　さて，尺とり虫という虫がいます。この虫の体の長さを考えてみましょう。

問　題

尺とり虫の体の長さは，何cm？

①　約0.3cm　　②　約3cm　　③　約30cm

解　説

　尺とり虫は，実際は，3cm程度の小さな虫です。30cmもある大きな虫ではありません。

　尺，つまり長さを測っているように見えたことから，尺とり虫と名付けられたそうです。

　ちなみに，イギリスでは，インチワーム（inchworm）と呼ぶそうです。1インチは2.54cmなので，虫の大きさにピッタリですね。

【答え】②　　　　　　　　　　　　　　　　　　　　（原）

テレビから「インチ」の長さを知る

「40インチ」など，テレビの大きさは「インチ」で表します。1インチは，2.54cmです。計算すると，40インチは，101.6cmになります。

さて，40インチのテレビについての問題です。

問 題

40インチのテレビ，どこの長さが101.6cm？

① 縦の長さ　　② 横の長さ　　③ それ以外

解 説

「③ それ以外」と答えた子には，「では，どこの長さ？」とツッコんで聞くといいでしょう。

また，子どもたちに実際に測らせると面白いです。縦を測っても横を測ってもピッタリの数字にならないので，子どもたちは混乱します。

対角線に気づく子が出れば，たいしたものです。テレビやパソコンは，対角線の長さで何インチかが決まっています。

【答え】③　　　　　　　　　　　　　　　　　　　　（原）

ゾロ目の意外な公約数

> 111, 777, 999 などのゾロ目の数字。実は 1 と 111 以外にも公約数があります。分かりますか?

問　題

この 9 つのゾロ目の数字の公約数を見つけよう。

111　222　333　444　555　666　777　888　999

解　説

　子どもたちは，1 と 111 の 2 つと答えますが，後もう 2 つあります。

　実は，111 は，3 × 37 の答えでもあるのです。そのため，3 と 37 も公約数になります。

　子どもたちは，111 が素数ではないことに驚きます。

【答え】1，3，37，111　　　　　　　　　　　　（吉竹）

倍数ビンゴ

「倍数」を使ってビンゴゲームを楽しみましょう。

ゲームのやり方

① 教師は3×3マスを印刷した紙を1人1枚配る。

② 子どもたちは教師の指定した数の倍数を小さい順に9つ，自分の好きなマスに書き，マスを埋める。

【例】6の倍数なら，「6」「12」「18」「24」「30」「36」「42」「48」「54」

6	30	48
42	12	24
18	54	36

③ 教師が「54」「36」……と順不同に倍数を言う。子どもたちは言われた倍数に○をつける。

④ リーチになった子は，「リーチ」と元気よく言って立つ。

⑤ ビンゴになった子は，「ビンゴ！」と叫ぶ。早くビンゴになった人の勝ち。

解 説

答え合わせの意味も含めて，9個全部の倍数を教師が言うとよいでしょう。

また，そうすれば，全員が必ずビンゴできます。（藤原）

高学年 12 倍数4マス並べ

> 五目並べの算数版です。
>
> 　交互に，マスに数字を書いていき，先に連続する4つの倍数を書いた人の勝ちです。

ゲームのやり方

① 　2人組で行う。教師は6×6マスを印刷した紙を2人に1枚配る。

② 　2人はジャンケンをして先攻と後攻を決める。

③ 　先攻の人が2～100までの数字を1つマスに書いて，丸で囲む。

④ 　次に後攻の人が2～100までの数字を1つマスに書いて，三角で囲む。

⑤ 　交替でどんどん数字を書いていく。ただし，同じ数字は2度は使えない。

⑥ 　先に，縦，横，斜めのどれかに連続する倍数を4つ並べたほうが勝ち。例えば，次頁の図のように，「16，20，24，28」（4の倍数）と並べれば勝ち。

				△50	
			○28		
		○24	○48	△30	
	○20	△10	△15		
○16		○40	△12		
		○32			△25

解　説

　ゲームの間，常に頭の中で自分や相手の倍数を考え続けることになります。そのため，楽しみながら倍数の定着を図ることができます。

　勝利のコツは，多くの約数を持つ数字を書くことです。

　例えば，48を書いた場合，2，3，4，6，8，12，16，24のいずれかの倍数を，縦，横，斜めに並べて書けば，4マスそろいやすくなります。

　3の倍数をそろえて勝ったら3点，12の倍数をそろえて勝ったら12点のように得点化し，何度か対戦して合計点の多いほうの勝ちとしても面白いです。　　　　　（島田）

何が何匹？

江戸時代から伝わる鶴亀算という問題があります。挑戦してみましょう。

　ウーパールーパー（足4本），タコ（足8本），イカ（足10本）を水槽で飼っています。全部で8匹います。足の数は全部で50本です。

　ウーパールーパー，タコ，イカは，それぞれ何匹いるでしょう。

　鶴亀算の発展問題です。鶴亀算は，中国の数学書，孫子算経にある，キジとウサギの数を求める問題が始まりです。日本では，江戸時代に，めでたい動物である鶴と亀に置き換えられたということです。

　まずは，子どもたちに自由に考えさせてみましょう。試行錯誤する中で，見当をつける力や仮説を検証する力が身につきます。

　解き方を教える時には，次のような手順が分かりやすいと思います。

① 全部で8匹なので，○を8つかく。

○　　　○　　　○　　　○

○　　　○　　　○　　　○

② 一番少ない4本の足をすべての○にかく。

4本の足を8つの○にかくと，4本×8つ＝32本。足は全部で50本なので，50－32で残りは18本。

③ 二番目に少ない8本の足になるように，○に4本ずつ足を加えていく。

4本の足を4つの○にかくと4本×4つ＝16本。残りが18本だったので，18－16で残りは2本。

④ 一番多い10本の足になるように，8本足の○に2本を加える。

2本の足を1つの○にかいたところで，見事に残り0本。

【答え】ウーパールーパー4匹（足16本），タコ3匹（足24本），イカ1匹（足10本）　　　　　　　　　　　　　（山田）

※平林一栄著『おもしろすぎる算数5分間話①』（黎明書房）で紹介されている解き方である。

四角形クイズ
―特徴を言うべし！―

> グループ対抗で「四角形クイズ」をしましょう。

	平行な辺	辺の長さ	角の大きさ	対角線の長さ	対角線の交わり方
台　形	1	6	11	16	21
平行四辺形	2	7	12	17	22
長方形	3	8	13	18	23
ひし形	4	9	14	19	24
正方形	5	10	15	20	25

ゲームのやり方

① 　1班の代表が番号クジ（割り箸などで作る）を引く。

② 　1班全員で相談して，上の表の引いた番号の箇所に当てはまる特徴を答える。【例】「1」なら，台形の平行な辺。

③ 　正解したら，番号クジがもらえる。不正解なら，番号クジを元に戻す。

④ 　2班，3班，……1班と①〜③を番号クジがなくなるまでくり返す。

⑤ 　1番多く番号クジをゲットした班が優勝。

　事前に答えを確認したり，穴埋め問題にしたりしておくと，苦手な子どもも楽しく参加できます。

　また，正解した問題の番号を得点化し，合計得点で勝敗を決めても面白いです。

【答え】

高学年

	平行な辺	辺の長さ	角の大きさ	対角線の長さ	対角線の交わり方
台　形	1組の辺が平行	特になし（向かい合う辺の長さが異なる）	特になし（向かい合う角の大きさが異なる）	特になし（長さが異なる）	特になし
平行四辺形	2組の辺がそれぞれ平行	向かい合う辺の長さが等しい	向かい合う角の大きさが等しい	特になし（長さが異なる）	それぞれが他を2等分する
長方形	2組の辺がそれぞれ平行	向かい合う辺の長さが等しい	すべて直角	等しい	それぞれが他を2等分する
ひし形	2組の辺がそれぞれ平行	4つの辺がすべて等しい	向かい合う角の大きさが等しい	特になし（長さが異なる）	・それぞれが他を2等分する・直角に交わる
正方形	2組の辺がそれぞれ平行	4つの辺がすべて等しい	すべて直角	等しい	・それぞれが他を2等分する・直角に交わる

（島田）

73

○○はどっち？
―単位量あたり―

AかBか選んでください。電卓を使ってもかまいません。

問　題

① 人口密度が高い（1km² あたりの人口が多い）のはどっち？

A　大阪府　　人口 880 万人　面積 1900 km²

B　神奈川県　人口 900 万人　面積 2400 km²

② 1g あたりの値段が安いのはどっち？

A　200 g298 円の特売の魚

B　3.5kg4970 円のブランド肉

③　足が速いのはどっち？

　A　ボルト　　100mを9秒58

　B　チーター　時速113km

解　説

①　人口密度は，人口÷面積（km²）で表します。大阪は約
　4600人／km²，神奈川県は約3800人／km²になります。

②　1gあたりの値段は，値段÷重さで求められます。Aは
　1.49円，Bは1.42円になります。Bは，重さの単位が「
　kg」になっているので，「g」に換算してから計算します。

③　Aの速さは，100÷9.53≒10.5で，秒速10.5mです。
　秒速を60倍すると分速に，分速を60倍すると時速になり
　ます。したがって，Aの時速は37.8kmです。人類最速
　のボルト選手でも，チーターには勝てないようです。

【答え】　①A　　②B　　③B

（島田）

時計の針の角度は何度？

12時に時計の長針と短針が作る角の大きさは0度です。6時には180度になります。

問題

12時12分になった時，長針と短針が作る角の大きさは何度になるでしょう。

解説

時計には目盛りが60あります。1分たつと長針は1目盛り進みますが，同時に短針も進んでいます。短針は1時間（60分）で次の数字まで5目盛り進むので，60 ÷ 5 = 12となり，12分で1目盛り進むことが分かります。

針が1回転すると360度なので，1目盛り分は360 ÷ 60 = 6で，6度です。

12時12分には，12時の位置から長針が12目盛り，短針が1目盛り，それぞれ進むので，11目盛り分の角度を求めることになります。11目盛り分の角度は，6 × 11 = 66で，66度です。

【答え】66度

（島田）

こんな単位，あるのか？

割合には，いろいろな単位があります。割，分，厘，パーセントは習いましたね。実は，他にも単位はあります。次の中で本当にある単位はどれでしょう。

問　題

① パーミル　② パーファイブ　③ ハーパー

解　説

「パーミル」は，「‰」と書き，千分の一を表すのに使われています。1 = 100％に対して，パーミルでは，1 = 1000‰となります。

パーミルでは，パーセントでは表せない厘まで表すことができます。そこで，野球の打率を表す時や，海の塩分濃度を計測する時や，トンネルの傾斜を表す時などに使われています。

「パーファイブ」は，ゴルフの用語です。「ハーパー」は，横浜ベイスターズの外野手です（2011 年現在）。

【答え】①

（佐藤）

英語で算数用語

トライアングルは楽器ですが，実は「三角形」のことなんです。

聞いたことのある英単語の意味を考えてみましょう。全部算数で習った言葉ですよ。

問 題

① circle（サークル活動って言いますよね）

② cube（「キューブ」という車もあります）

③ base（野球のベースとは関係ありません）

④ discount（ディスカウントストアってどんな店？）

⑤ angle（いろんなアングルで見てみよう）

⑥ area（サービスエリア，高速道路にありますね）

⑦ square（「スクエア」というゲーム会社があります）

⑧ hexagon（「クイズ！ ヘキサゴン」）

⑨ volume（ボリュームたっぷり）

⑩ proportion（抜群のプロポーション！ 意味は何でしょう？）

解　説

　よく聞く言葉が意外な意味を持っていて，子どもたちは驚きます。また，日常の言葉と算数を結び付けられます。

【答え】①円，円周　②立方体　③底辺，底面　④割引　⑤角度
⑥面積　⑦正方形　⑧六角形　⑨体積，容積　⑩割合

（藤井）

ワンヒットワンブロック

> 相手の書いた３ケタの数字を当てるゲームです。

ゲームのやり方

① ２人がそれぞれ相手に見えないように，０〜９の数字を１回ずつ使った３桁の数字を書く。【例】「801」

② 先攻の人が「102」などと相手の数字を予想して言う。

③ 後攻の人が「○ヒット○ブロック」と答える。場所も数字も合っていれば「ヒット」，場所は違うけど数字があっていれば「ブロック」。【例】「801」の答えに対して，「102」は「０」は場所も数字も合っているので，「ヒット」。「１」は場所は違うけれど数字が合っているので，「ブロック」。この場合は，「１ヒット１ブロック」。

④ 次は，後攻の人が相手の数字を予想して言い，先攻の人は「○ヒット○ブロック」と答える。

⑤ 交代で予想した数字を言い，「○ヒット○ブロック」と答える。先に相手の数字を当てた人が勝ち。

解　説

論理的な思考力が育つゲームです。ルールが少し難しいので，最初は２人組対２人組で行うとよいでしょう。（中村）

文章題は怖くない！

文章題が苦手な人は多いです。特に３つ数字が出てくると大変です。でもさぼらず整理すれば簡単に解けます。

や り 方

① クラス全員で声をそろえて，文章題を音読する。

【例】「3dL で $\frac{4}{5}$ m² ぬれるペンキがあります。このペンキ 1dL では，何 m² ぬれますか」

② 文章題に出てきた数字を出てきた順番に整理して書く。

【例】3dL ― $\frac{4}{5}$ m²

1dL ― ? m²

③ 整理した「1」と「?」の位置が同じ簡単な問題を書く。

【例】3個 ― 30円

1個 ― ?円

④ 簡単な問題がどんな式で解けるか考える。【例】30 ÷ 3

⑤ 簡単な問題が「右上÷左上」になっているので，元の問題も「右上÷左上」になる。【例】$\frac{4}{5}$ ÷ 3

解 説

分数や小数になると，子どもたちは文章題を難しく感じます。しかし整数の問題に置き換えてやれば簡単です。（中村）

 **数列クイズ**
―□に何が入るでしょう？―

全学年 **1**

> 先生が黒板に数字を書いていきます。□にはどんな数が入るでしょう？

問　題

① 1・2・3・□・5・6・7……

② 2・4・6・8・□・12・14……

③ 1・2・4・8・□・32・64……

④ 1・4・9・16・□・36……

⑤ 0・1・1・2・3・5・□・13・21・34……

解　説

　初めの数字を2から始める，5ずつ増やす，3乗の問題を作る……などすると，次々と新しい問題が作れます。グループ対抗で行うと，協力して考える姿が見られて面白いですよ。

【答え】①4（1から順番に数えればすぐに分かります）②10（2ずつ足していきます）　③16（2倍していきます）④25（1の2乗・2の2乗……となっています）　⑤8（フィボナッチ数列。1つ前の数字と今の数字を足すと，次の数字になります。）

（藤原）

全学年 2 法則発見ゲーム「これが基本です」

今から法則発見ゲームをします。どんな法則があるのか見抜けますか？

ゲームのやり方

① 教師が「これが基本です」と言って，1本指を立てて見せる。

② 次に4本指を立てて「これは1です」と言う。さらに2本指を立てて「これは4」，5本指を立てて「これは2」，3本指を立てて「これは5」と言う。

③ そして，2本指を立てて「これは？」と聞く。正解は，「3」。

④ 何度かくり返して行う。法則に気づいた子には，得意げに正解の数字を言わせるとよい。

解　説

法則は「1つ前に指で出した数字」である。最初に1本指を立てて「これが基本です」と言うので，次はどんな数を出しても「1」。

（中村）

電卓イリュージョン

先生の言う通りに電卓に数字を入れてみてください。
驚くことが起きますよ！

や り 方

① 子どもたちに電卓を配る。

② 電卓に「12345679」と数字を入れさせる。

③ 2～8の中から好きな数字を1つ選ばせ，選んだ数字を
「12345679」にかけさせる。【例】「×7」など。

④ 電卓には，規則性のない数字が現れる。子どもたちは失
敗したと思う。

⑤ その数字に「×9」させる。すると，最初に選んだ数字
が9個並び，子どもたちはビックリする。

解 説

好きな数字をAとすると，次のような計算をしたことにな
ります。「12345679×A×9」かけ算は，かける順番を入れ
替えても，答えは変わりません。先に，「12345679×9」を
やってみてください。答えは，「111111111」になります。つ
まり，「111111111×A」です。

選んだ数字が9個並ぶのは当然ですね。 （佐藤）

99 で割ると……

> どんな 2 ケタの数字でも，99 で割るととても面白い
> 数に変化します。試してみましょう。

ゲームのやり方

① 子どもたちに電卓を配る。

② 10 ÷ 99 をさせる。すると，0.
1010101010……と 10 が並び，子
どもたちは驚く。

③ 次に 73 ÷ 99 をさせる。すると，
0.7373737373……と 73 が並び，
子どもたちは驚く。

④ 「20」「30」「25」「64」など，適
当に好きな 2 ケタの数字を入れさ
せ，99 で割らせる。どれも面白
い数字になり，子どもたちは驚く。

解　説

　99 という数字は特別な数字で，ほとんど割り切れる数が
ありません。子どもたちが，数字の不思議に興味を持つネタ
です。

（佐藤）

かけ算ピラミッド

「1 × 1 = 1」，「11 × 11 = 121」です。1 だけの数字を
ケタを増やしてかけていくと，どうなるのでしょうか？

ゲームのやり方

① 最初に「1 × 1」をする。もちろん，答えは「1」。

② 次に「11 × 11」をする。答えは「121」。

③ 「111 × 111」「1111 × 1111」……と計算し，黒板に図の
ようにピラミッドの形に書いていく。

```
        1 × 1       =           1
       11 × 11      =          121
      111 × 111     =         12321
     1111 × 1111    =        1234321
    11111 × 11111   =       123454321
   111111 × 111111  =      12345654321
  1111111 × 1111111 =     1234567654321
 11111111 × 11111111 =   123456787654321
111111111 × 111111111 = 12345678987654321
```

④ 子どもたちは答えが左右対称になっていることに驚く。

解　説

　計算の不思議に子どもたちは興味を持ちます。ただ，この
ように左右対称になるのも，9桁までです。10桁を越える
と，「12345678900987654321」と形が崩れてしまうのです。
ちょっと残念ですね。 （佐藤）

テレビの値段

先生が今からお話をします。この話，納得ですか？

問 題

　中村くんが電気屋さんに行って3万円のテレビを買った。しかし，家に帰ると奥さんに「小さすぎる」と言われたので，またそのテレビを持って電気屋さんに行った。3万円のテレビを返し，6万円のテレビを持って帰ろうとすると，電気屋さんに「お客さん，お金は？」と言われた。中村くんは「昨日3万円払った。そして今日3万円のテレビを返した。つまり俺は合計6万円払ったことになる。だからこの6万円のテレビはそのままもらっていく」と言って持って帰った。

解 説

　大分県のとんち名人，吉四六さんの逸話を元にしています。落語の「壺算」としても有名です。

【答え】もちろん，おかしいです。中村くんは「3万円を払った」ことと「3万円のテレビを返した」ことだけ言って，「3万円のテレビを受け取った」ことにふれていません。

（西原・藤井）

あなたの心を
読んじゃいます

電卓さえあれば，あなたの心を読むことができます。
先生の言う通りに計算してみてください。あなたが好き
な物と欲しい物を当ててみせますよ。

や り 方

① 子どもたちが好きそうなぬいぐるみやストラップなどを
9個用意する。そして，それらに1〜9の番号をつける。

② 子どもに電卓を渡す。

③ 好きな物の番号を押させる。その番号に「×5」「＋3」
「×2」をさせる。

④ 次に欲しい物の番号をたし算させる。その答えに
「－6」をさせる。

⑤ 好きな物の番号が十の位，欲しい物の番号が一の位に出
ていて，子どもたちは驚く。

解 説

好きな物をA，欲しい物をBとすると，次のような計算を
したことになります。「（A×5＋3）×2＋B－6」

これを整理すると「A×10＋B」となり，好きな物Aは10
倍になり十の位に，欲しい物Bは一の位にくるのです。(佐藤)

8 先生は予言者

> 先生には不思議な力があります。今からみなさんが作り出す数を予言して封筒に入れるからね。

や り 方

① 教師は子どもたちに見えないように，紙の表に「1089」，裏に「198」と書く。その紙を封筒に入れる。

② 3人の子どもに1から9までの中から好きな数を1つずつ言わせる。その数で3ケタの数を作る。【例】「745」

③ その3ケタの数の一の位と百の位を入れ替えた数（【例】「547」）を作る。そして，大きい数から小さい数を引く。
【例】「745 − 547 = 198」

④ 出た答えの数とその一の位と百の位を入れ替えた数を足す。すると，答えは必ず1089か198のどちらかになる。
【例】「198 + 891 = 1089」

⑤ 封筒を開け，「1089」と書かれた紙を見せると，子どもたちはビックリ（「198」の時は，裏を見せる）。

解 説

計算の規則性を用いたマジックです。予言者のように怪しい雰囲気を出してやると，子どもたちは驚きます。（西原）

先生は予言者2

> 先生には不思議な力があります。今からみなさんが作り出す数を予言して封筒に入れておくからね。

や　り　方

①　教師は「18」と書いた紙を封筒の中に入れる。

②　子どもたち一人ひとりが3桁の数Aを決める。同じ数字は使わせない。【例】「321」

③　百の位と一の位を入れ替え，Bの数字（【例】「123」）を作る。AとB，大きい数から小さい数を引かせる。
【例】「321」－「123」＝「198」

④　出た答えのすべての位の数字を足す。
【例】「1」＋「9」＋「8」

⑤　足した子から先生のところに来て，封筒の中の紙を見る。子どもたちはビックリ。子どもたちが出した答え「18」が封筒に入っている。

解　説

封筒を5種類くらい用意しておいて，「あなたはこの封筒」というようにすると神秘性が増します。　　　　　（山田）

どうしたらいい？

今から先生が問題を出します。ちょっと難しい問題ですが，みんなで知恵を出し合えば，きっと解けますよ。

問 題

かごにリンゴが5個あります。5人の女の子に1個ずつ分け，かごにも1個残したいのですが，どう分けたらいいでしょうか？

解 説

授業開きなどで使えるクイズです。考えることの楽しさや友だちと考えを出し合うことの大切さを教えることができます。

【答え】4人の女の子にリンゴを1個ずつ分け，5人目の女の子には，かごにリンゴを入れたまま渡す。　　　　（佐藤）

棒消し

2 人組で，交替で棒を消していきます。最後に残った棒を消した人が負けというシンプルなゲームです。

しかし，勝つための法則が隠された，実に奥の深いゲームなのです。あなたは，その法則を見つけられるかな？

ゲームのやり方

① 下図のように，紙に棒を書く。何本でも何段でも OK。

② ジャンケンで，先攻と後攻を決める。

③ 交互に横線を 1 本ずつ引き，棒を消す。1 本の横線でどの棒を何本消してもかまわない。ただし，斜めの線を引いて違う段の棒を消すことはできない。

④ 右下図のように，最後に残った棒を消した人が負け。

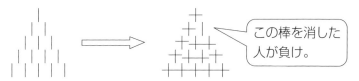

この棒を消した人が負け。

解　説

授業が 5 分早く終わった時などに使えるゲームです。論理的な思考力を身に付けさせることができます。　　　（島田）

棒消し
―スペシャル編―

棒消しの法則が見つけられたでしょうか？
1本だけ「スペシャル棒」を加えると，さらに複雑な
ゲームになりますよ。やってみましょう。

ゲームのやり方

① 基本的なルールは，前ページの「棒消し」と同じ。

② 下図のように，1本だけ「スペシャル棒」（太棒）を書く。

③ どちらかが「スペシャル棒」を消したら，次の人は必ず2本の棒を消さなければならない。

④ 棒を2本消すことができなかったり，すべての棒を消してしまったら，負け。

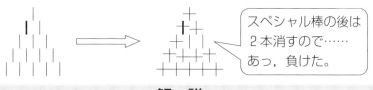

スペシャル棒の後は
2本消すので……
あっ，負けた。

解　説

子どもたちが「棒消し」に慣れてきたら，「スペシャル棒」を加えてみましょう。発見した法則が使えなくなり，新しいゲームとして楽しめます。 （島田）

参考文献

●星田直彦著『単位 171 の新知識』（講談社）

●西田知己著『めざまし塵劫記—笑いと数の江戸文化—』（東洋
書店）

●アルフレッド・S・ポザマンティエ，イングマル・レーマン著
松浦俊輔訳『不思議な数列フィボナッチの秘密』（日経 BP 社）

●田中博史著『授業技術実践シリーズ 11 算数 量と測定 感
覚を育てる授業』（国土社）

●ウィリアム・パウンドストーン著 松浦俊輔訳『ビル・ゲイツ
の面接試験 富士山をどう動かしますか？』（青土社）

●日本銀行ウェブサイト

http://www.boj.or.jp/note_tfjgs/note/valid/issue.htm/

●坪田耕三著『改訂版 算数好きにする教科書プラス 坪田算数
4 年生』（東洋館出版）

●國本景亀編著 坂本済浩・桝尾恵里共著『グングン伸びる想像
力！ 美しい算数練習帳 中学年」（東洋館出版）

●中村亨著『インド式計算ドリル』（晋遊舎）

●平林一栄著『算数がすきになる 5 分間話』（黎明書房）